JN440378

변경에 핀 풀꽃

박후식 시집

시인동네 시인선 072

박후식 시집

변경에 핀 풀꽃

시인동네

시인의 말

그것은 분실이 아니라 버스종점에
누군가 그냥 놓고 온 것이다.

비 온 날의 이별이거나
젖은 타인처럼,

여정의 종점에 유기된 한 켤레의 사유가
세상 구석구석을 헤엄치다가 다 닳아서 돌아갈 때까지
자정을 넘어 토닥거리는 불씨처럼
누군가는
그렇게 기다리며 있을 것이다.

2017년 2월
박후식

차례

제2부

제3부

제1부

신록

하늘의 문을 열고 흐르는
저 순수시의 바다

거르고 거른
마지막 시의 언어

내게도
있었을까

파닥이는 은어 떼처럼 강물을 거슬러
그렇게 파도치며 있었을까

바다의 가장 깊은 곳에서 분출하는
뜨거운 모성의 날갯짓

풀잎

바람이 불어오면 잠시 눈을 감고 있다가
바람이 빠져나가면 먼 하늘 끝에 동그라미를 그리네

동그라미는 소녀의 눈망울처럼 하늘을 맴돌다가
어디론가 사라져가네
그리움도 함께 산 넘어가네

살다가 그리다가
나루터 한쪽에 이름 끝 자 적어두고
혼자서 흘러가네

풀잎은 사랑이네 그리움이네
황포돛배네

산울림

우리 어렸을 때
소리 한번 지르면 산이고 들녘이고
다 우리 것이었는데
한참 뒤에야 그 소리 우리 찾아 되돌아왔는데

그 소리 듣고
우리 깔깔 웃었었는데

친구야
우리
다 어디 갔을까

북녘 하늘에 부서져 내리던 별똥별들
그 별 꼬리 찾아 도시의 숲속으로 숨어들었을까

마구간 앞에 서성이던 하얀 그림자
새벽 쇠죽 쑤시던 어머니 달그림자

송화강(松花江)

참 곱다
어려서 떠난 누님 이름처럼
송홧가루 냄새가 난다
소매 끝 적시던 우리 어린 날의 소꿉놀이 강물
누님아, 나는
오늘도 그 강변에 서 있다

물보라 흩날리는 춘절이면 용머리 풀고 비상하는 송화강의
집을 떠난 외로운 송화의, 아침 해를 바라보며 나는 강변에 서 있다

백두의 하늘을 머리에 이고 어디로 가느냐
어디로만 흘러가느냐
흘러가는 자국마다 그리운 노래 갈대숲을 적시고
노 저으며 닿은 곳은 어디더냐

지린(吉林)에서 쑹웬(松原)에서 하얼빈(哈爾濱)에서, 나는
오늘도 송홧가루 흩날리는 그 강변에 서 있다

돌아보면 어디선가 들려오는 소리
고독한 영혼의 소리
누군가 강물 위에 띄워놓은 송화강 뱃노래*가
아득히 노을 벌에 울려 퍼지는
누님아, 나는 오늘도 송화강 붉은 강변에 서 있다
그 강변에 서 있고 싶다

---

*파인 김동환의 시.

마라도

짧은 시 한 편이 아름답다
읽다 보면 나도 몰래 가슴에 차올라

물 위에
떠 있는 시

나무 하나 없이도 하늘을 타고 내려와
하늘시가 되어 있다

밤이면 동서남북 다 둘러보아도
모두가 바다처럼 외로워서

외로워서 바다를 두고
떠나지 못하고 있다

작은 새

봄이면 생각나는
겨울에 두고 온 작은 새

굴뚝연기 피어오른
유후인(由布院)*의 아침

돌담 담쟁이넝쿨에 노란 발톱 끼고 앉아
유심히 날 바라보던 작은 새

혼자 노래하다 휘파람 불다
부리 딱딱 찍고는

아무도 모를 붉은
갈대밭 속으로 사라진

봄이면 생각나는
겨울에 두고 온 작은 새

---

* 일본 규슈 오이타현에 있는 온천휴양지.

귀뚜라미

이야기 하나 있지 옛날이야기가 아닌
지금 우리 사는 이야기 자꾸 멀어져가도 멀어진 줄
모르는 이야기, 그런 이야기 하나 있지

가을 이맘때면 풀밭 어디선가 들려오는 소리
살점 에듯 여친 그려 울던 그 소리, 그 풍각쟁이
산골 두메마을이 싫어
첫사랑 그리움 두고 고향 떠난 이야기

지금은 추레한 도시의 담벼락 밑에 숨어
술 취한 갈색머리 소녀의 눈까풀이나 바라보고 있는가
한강 둔치공원 풀밭 언덕에 욱욱 토하고 나면
그제야 늦달은 떠오르는가

강물에 어른대는 이름 모를 글자들
유리벽 끼고 춤추는 산란한 불빛들, 피었다 사그라졌다
풀벌레 가슴 불 질러놓고
나 몰라라 비켜가는 메케한 세상

>

귀뚜라미 울음소리 그리운 찌르르 찔 찌르르 여친
그려 울던 그 소리, 적막강산에 잎 지는 소리, 혼자 우는 소리
옛날이야기가 아닌 지금 우리 사는 이야기
가을밤 당산나무 창가에

무제(無題)

얼마를 더 낮추어야 네가 보이느냐
살다 보면 달빛에 젖어 길섶 풀잎마저 성한 것이 없는데
얼마를 더 걸어야 네가 보이느냐

그만 가거라
사랑하는 것아

친구

우리 많이 싸웠지만
그것은 싸움이 아니었네

무르팍으로 하는
닭싸움이었네

만날 지기만 하던 그 친구 가끔 생각나네
나 외로울 때 가슴을 타고 내려오네

멀리서 웃기만 하네
지금도 어린애 웃음이네

그 친구 여행 떠날 때
김밥 한 줄 싸주지 못했네

배롱나무

그곳에 가면
아직도
대문 앞
그가 웃고 있을까

물동이 인 채
나서다
말고
웃고 있을까

우물가
배롱나무
지금도
기다리며 있을까

파도 소리

귀 기울이면
바다 밖에서 들려오는 소리
낮은 파도 소리
그 소리 밟고 걷다 보면
가다 말고 되돌아보는 긴 그림자

우리 어찌 거기 태어나
바다의 먼 그리움을 생각하는가
모래성 작은 것이 우릴 어찌 늦도록 그립게 하는가
수평 끝에 쓸리는 소리
쓸려가는 소리

달래섬 바라보며
구름 하나 서 있네

그녀를 두고 왔다

그녀를 두고 왔다 그녀는
두 달 넘게 없는 가슴을 쓸며 기다렸단다.

(어제는 미장원에 다녀왔단다)

미장원 거울 앞에서 목화밭 긴 고랑을
어찌 그리며 있었을까 한쪽 눈에서 다른 쪽 눈으로 해말간
눈물이 옮겨가고 있을 때 너무 멀리 돌아온 세월을
어찌 강물 위에 띄우며 있었을까

굽이진 세월을 강 건너에 걸어두고
나룻배를 기다리는 그녀는 지번(地番)도 모르는 낯선 병동
창가에서 헤아리기 힘든 그 많은 별들을 어찌
하나하나 수놓으며 있었을까 땀땀이 굽어보는 실밥마다
떨어지는 별똥을 어찌 감당했을까

울컥하고 손을 잡았을 때 그녀는 이미 강물 위에 떠 있었다
강물은 산모퉁이를 돌아 멀리멀리 흘러가고 있었다

>

팔순을 바라보는 그녀는 팔순을 넘긴 오빠를
그렇게 기다리며 있었다 휠체어를 밀고 나와 병동 앞
자귀나무 밑에 그렇게 오래오래 서 있었다

옛집 응달에는

옛집 응달에는
아직 눈이 쌓여 있는데

햇살은 돌담 밑에서
겉돌기만 하고 있는데

아무도 없는 낯선
유년의 마당

떠나야 할 배는 툇마루
낡은 밧줄에 묶여 있네

누가 알랴
파도치는 저 소리를

겨울 강

모두 잠들어 있을 때
너처럼 흘렀으면 좋겠다.

물가 초가집처럼
나직이
귀 기울이고
너처럼 흘렀으면 좋겠다.

어둠에 묻힌
깊은 산골
실오라기 같은 불빛마저
지고 없을 때

자정의 하늘을 업고
너처럼 떠났으면 좋겠다.

기억의 다리

가끔씩 어깨 위를 누르는 돌아보면
그것은 바람소린가 물소린가
봄이면 친구처럼 민들레처럼 다가왔다가
가을이면 저만큼 물러나 서 있는
기억의 다리 저쪽으로
웃음꽃 감추고 돌아서는 눈빛 보았지
창밖에 서성이던 달빛 소리
하얀 눈길 따라 떠난 뒤에도 그 소리 들었지
꽃 지고 서른 해도 넘은 어느 날
잘 있어, 건강하고
먼 몽돌 밭에서 들려오는 소리, 갈매기 소리
거기 있었구나, 사랑했구나
그리움이 한 섬이라도
우리 할 수 있는 말은 그것뿐이지
나이 들어 생각나는
그것은 물소린가 바람소린가

나 하나 감추니

사방이 눈뿐인 그래서 눈 쌓인 산길은

나 하나 감추니 모두가 눈 산일세

발길마다 눈길이 따라붙고

눈길마다 나 아닌 발길이 따라붙네

눈길에 휘청대는 나 아닌 나를 찾아 떠나는 산길은

결코 혼자가 아닌 거기 또 하나의 혼자가 있네

눈 덮인 초가처럼 나직이 조율하는 저 고요의 샛길

나 하나 감추니 모두가 무애일세

파랑도

가을에는 그곳에 가고 싶다
다정한 친구와 함께 둑길처럼 가고 싶다
처음 사랑을 싹틔운 곳
그곳에 가면 바닷가 돌밭길이 모두 그리움이 되는
그래서 가을이면 빈손 데리고 떠나고 싶다

가다가 물길 만나면 잠시 쉬어가고
산 오름이 있으면 억새꽃 어떠냐고 물어도 보고
파랑도 늘 푸른 바닷가
누군가 파도치며 가을을 기다리는 작은 섬
사계절 떨어져 있어도 외롭지 않는
가을에는 그곳에 가고 싶다

너무 늦었을까
칠게 한 마리 긴 앞발을 세우고
겁 없이 다가왔다가 황망히 도망쳐버리는
가을에는 그곳에 가고 싶다
하얀 새벽달이 밤새 몸을 푼 바닷가

밀려왔다 밀려가는 파도의 속살처럼
잠시 지표 위에 머물다 떠난 별빛 그리움이 남아 있는 곳
그곳에 가면 누군가 기다리는 긴 그림자
가까이 다가서 보면 날개 없이 서 있어도 외롭지 않는
가을에는 그곳에 가고 싶다

기다림

눈발 철둑길에 서서 나는
한 아이의 아우성을 보고 있다

무거운 얼개에 눌려 간신히
목을 빼고 숨을 내뱉고 있다

좁은 샛길로
새하얀
햇볕을 빨아들이고 있다

누가 알랴, 저 작은 눈망울을
기차 타고 고향 가는 처연한 발뒤꿈치를

나는 눈발 폐선 길에 서서
한 어른의 아우성을 듣고 있다

그대 오신다기에

그대 오신다기에 강가에 나갔더니
복수꽃 노란 전설이 (겨울 덤불 속에)

아기하늘처럼
피있어라

가까이 다가서보니 속눈썹
가득히 펴 보이며
기억나듯
무언가를 찾아 헤매더니, 한참 그러하더니

복수꽃 작은 연못에
하늘을 맴도는 눈물이 고여

물 긷다 말고 달려온 오두막집 샛별처럼
가슴에 안긴 저 초록빛 눈동자

밤의 시

자리에 들기 전
잠시 바다의 옆구리에 걸터앉아
누군가 남긴
밤의 시를 읽는다.

두세 편 읽다가
요즘은 너덧 편으로 늘어났다

가장 쉽게 쓰인 시가
가장 어려울 때

그때, 지하철 선로에
꽃잎 꺾이듯 누군가의 휴대폰이 떨어지고
기차가 와서
그 위에 덮친다.

기차는 다음 역을 향해 가고
낭자한 밤의 시만 남는다.

환상의 섬

환상의 섬이
산다는

천리 밖
바다

층층구름 아래 혼자
잠겼다 출렁이다
비바람 몰아치면 걸쭉한 몸 뒤집어쓰고
얼굴 한번 내민다는데

먼저 간 물질 여인네들
혼비백산
오지 마소 오지 마소 한번 오면 못 간다고
치마폭 죄 찢어 소리소리 지르는데

누가 물 아래 숨겨두고
이어도라 불렀을까

꽃무릇

사랑이
너무 아픈 걸
봅니다.

산바람 스치는
선운사 길
사랑으로 타버린 고목에도 검버섯 스님의 미소에도
어김없이 계절은 찾아와 내려서고
나무와 나무 사이
평범한 우리네 산책길에도 꽃은 찾아와
슬픈 미학으로 피어 있습니다.

사랑치고는
너무 긴 기다림의 빈자리가
그리움의 파도처럼 수많은 기억의 계단을
딛고 내려와

우리의 일상을

해 저문 그림자의 긴 막대기처럼
겁 없이
뒤뚱거리게 합니다.

아름다운 고전

떠나지 마라 그대로가 좋다
바람이 분다고 대수더냐

그냥
거기 있거라

때를 벗지 못해서 아름다운 것들아
사랑할 줄 몰라서 더 귀한 것들아

서둘지 마라
그대로가 좋다

억새꽃 출렁이는 자유로움으로
피어 있어 더한 아름다움으로

보조개가 고와서
아름다운 것들아

제2부

누군가 울고 있을 때

누군가 울고 있을 때
나무들은 일어서지 않았다
누군가의 울음소리는 거칠고 쉰 인고(忍苦)의 것이어서
누구나 쉽게 그 울음소리를 알아듣지 못했다
누군가 가고 없을 때
나무들은 대숲처럼 쓸리며 있었다
새벽이 돼서야 비로소 촛불이 제 정적(靜寂)을 사르듯
떠난 후에도 간절함은 어둔
계단을 밝히는 외로운 눈물이었다
누군가 울고 있을 때
속이 다 보인 짐 풀린 몸으로 대문 앞에
아무렇게나 던져져 있을 때
그리고 묘비 앞에 엎드려
가장 서러운 참회의 기도로 울고 있을 때
나무들은 일어서지 못했다

가로수

나무들은 쓰러지지 않았다

함성은 나무 사이로 유탄처럼 날았고

담장 안에 서 있던

회화나무는 쓰러지지 못해 울었다

쓰러지지 못한 나무들은 지금도 통곡하며 서 있다

한자리에 뿌리박고

뭉뚝한 하반신을 성벽처럼 두르고 있다

나무들은 쓰러지지 않았다

시인의 잠*

—별 이야기 1

오늘 이야기 하나 들었네
꽃나무 가지에 잠든 별 이야기였네
나도 외로울 필요가 있었을까
그 별을 자기 별이라고 말하는 시인이 있어 좋았네
별이 없으면 어찌 시가 될 수 있으랴
별들은 저마다 슬픈 얼굴을 꽃처럼 가지고 있네
슬프지 않도록 슬픔을 감추고 있네
우리 어렸을 때 아스라이 먼 별에게 소원을 걸고 기다리던
그것은 꿈이 아니었네, 사랑이었네
나는 오늘 이야기 하나 들었네
세상 이야기가 아닌 별 이야기여서 좋았네
그것은 '외로울 필요가 있어서'였다네
오늘 별 하나 보았네

---

* 최문자 시인의 「지상에 없는 잠」에서 가져옴.

낯이 없는 밤
—별 이야기 2

나는 건성으로 세상을 살아왔네
별들이 바닥에 떨어져 허우적거린 줄도 모르고
나는 건성으로 나를 보며 살아왔네
굼벵이 공장을 지나다 보면
나는 내가 건성이었음을 뼈아프게 느끼네
그것은 최소한의 예의요 아픔이라네
아무도 없는 밤에 그들은 나무 끝에 올라 불을 밝히네
낮에 보면 나뭇가지가 반쯤 꺾여 있네
그것이 우리의 밤을 슬프게 하네
그들은 별을 쳐다볼 겨를도 없이 살아왔네
별의 위로가 필요할 때도
그들은 고향을 생각하며 외면해 왔다네
슬픔이 밀려오면 가슴을 다독이며 소리 없이 운다네
울다가 잠들다가 누군가에게 편지를 쓴다네
한밤에 들려오는 물소리 바람소리 트럼펫 소리
그들의 젊음은 소리 밖에 갇혀 있다네
나는 건성으로 지금도 살고 있네
건성으로 살지 않으면

어디선가 숨통이 조여 올 것만 같다네
굼벵이 공장을 지나다 보면
나무 위에 올라 나도 불을 밝히는 굼벵이가 된다네

계곡 물소리

계곡을 흐르는 밤의 물소리가
그리 힘들게 하더이까
긴 밤, 어둠을 데리고 먼 나루터까지 흐르고 흘러
가까스로 제 짐을 내려두더이까
창가에 기대선 긴 그림자
높디높은 망루가 있는 첨탑 끝으로
밤이면 천 갈래 만 갈래 스스로를 풀어 나르시고
눈가에 어린 아득한 사랑과 고뇌와
그리고 고독한 평화의 미소가 거기 기다리고 있더이까
한 치 앞을 알 수 없는 적요의 밤에 갇혀 있을 때
맨 먼저 나를 밟고
다음으로 내 동료를 밟고
그리고 연약한 누이들을 밟고 가더이까
계곡을 흐르는 물소리가
밤을 그리 힘들게 하더이까

부재

지금 안 계십니다
집을 나설 때나 밖에서 돌아올 때
으흠, 하고 기척해 주시던
그 중저음 목소리가 안 계십니다
산다는 것이 너무 팍팍해졌습니다
찌든 안개가 폐부 깊숙이 너무 많이 들어와 있습니다
쥐뿔만 믿고 있다가
쥐뿔이 없으니 그리 된 것은 아닐는지요
지금 밖에는 그분들이 안 계십니다
어려운 고비 때마다 맨 앞에 그분들이 계시지 않았습니까
책갈피마다 그분들이 서 계시지 않았습니까
시대를 넘어 삶의 가닥을 일깨워주시지 않았습니까
지금 그분들이 안 계십니다
해가 지고 나면 다리 밑에서는 무수한
별들이 아비규환하고 있습니다
헐벗은 영혼들이 갈 곳을 몰라 하고 있습니다
지금 밖에는 그분들이 안 계십니다

저만큼 있었지

우리 저만큼 있었지
냇물 길 트고 저만큼 흘러가고 있었지
흐르는 산언덕 완곡히 내민 곳
턱 고이고
앉아 있었지

산이 있었지
산 아래 또 산이 있었지
가다가 굽이돌다가 병풍처럼 둘러나가는
지금서야 아득한 그곳
곱셈은 몰라도 금방 알 수 있는 아름다움 있었지
우리 거기 있었지
풀밭에 앉아
흘러가는 구름 끝을 보다가
길을 잃고 말았지

벗아, 우리 그렇게 살았지
버드나무 우거진 그곳

개떡 빚어 먹던 마을에도 시집가고 아이 낳고
개천에서 용(龍) 나는 꿈도 꾸었지
우리 거기 있었지

낙엽의 밀항

낙엽을 보고 있으면 낙엽의 발끝이 보이듯이

시를 보고 있으면 시의 어떤 끝이 보일까

원효사 계곡을 흐르는 차디찬 물소리

밤새 낙엽의 눈을 적시며 무슨 말을 나눴을까

낙엽이 떨어지거나 떨어진 낙엽이

계곡의 돌 틈에 끼어 빠져나가지 못하고 파닥이며 있을 때

산은 낙엽의 출가를 어디쯤서 바라보고 있을까

낙엽이 낮은 곳을 찾아 저만의 밀항 길을 떠나듯이

시는 어떤 길을 찾아 저만의 길을 떠나야 할까

산이라는 이유만으로

산이라는 이유만으로 억만년 넘게
그 자리에 누워 있다, 별들을 방목하고 있다
우리는 산의 신심을 알지 못한다
알려고 들면 산은 더 멀리 물러나 있다
밤에 보면 별들 아래로 끝없는 연대를 하고 있다
눈은 감겨 있어도 천 길 암벽을 꿰뚫듯 그려보고 있다
산의 신심은 우리가 알 수 없는 훨씬 더 먼 곳에 가 있다
별이 떨어지면 광폭한 치마폭으로 그를 감싸 안는다
하늘의 맨 끝 나라에까지 심신한 밧줄이 닿아 있다
그래서 우리는 산이 우는 소리를 듣지 못한다
그 울음소리는 깊고 깊은 태고의 광맥 속에 갇혀 있다
몇 광년을 달려도 닿을 수 없는 먼 아기별을 향해 우는
간절한 모성의 울음소리를 우린 듣지 못한다
세상의 모든 귀를 다 열고 있어도 들을 수가 없다
그것은 우리네 방식이 아닌
기다리고 기다리는 고독한 연대가 있어야 한다
우리는 산이 우는 소리를 듣지 못한다

아픔의 강

긴 강이 흘렀다
겨울나무는 아직도 춥기만 한데
접히는 목소리가 창창하다
어제는 잎이 파란 시집을 보내왔다
결이 고와서 보냈단다
그는 강단을 떠난 뒤 세 번이나 가슴을 갈랐다
지극한 일이다
그래서 시를 향한 그의 눈은 더 커지고
그리움을 동반한 아픔의 강은 더 정결해지나보다
단검 같은 그의 얼굴이 떠오른다
국경을 넘어 무변한 시심을 나누었는데
새벽 어도처럼 드나들었는데
겨울나무가 너무 멀리 가 있다
혹한을 모르는 아픔의 강

용산역을 떠날 때

어제 용산역을 떠날 때
창밖에 그리움 두고 잠시 눈을 감았네
어느새 강물이 차오르며 있었네
그만 돌아가라는 데도 자꾸 손을 젓고 있네
한 칸 뒤쯤 물러나 숨었을까
자꾸 뒤쪽으로 몸이 돌아서서 가네
그 녀석 서울 와서 공부할 때
터미널 먼발치에서 손 젓던 눈빛 그대로이네
아이 낳고 나이 먹어서도 그대로이네
끌리듯 뒤뚱이며 산이 움직이자
기어이 빗줄을 타고 내려와
유리창 밖에 매달려 있네
한참을 거꾸로 서서 손을 흔들며 웃고 있네
그러다간 보이지 않네
보이지 않을 만큼 산은 멀리 뒤로 물러나 있네
어제 용산역을 떠날 때
잠시 그리움 두고 눈을 감았네

이것은 아닌데

이것은 아닌데
정말 이것만은 아닌 것 같은데
죄 사람들을 들게 하고
이맘때면 조폭처럼 나타나
야반 도둑고양이
아무 데나 배설하고 도망쳐버리는
이것은 아닌데
정말 아닌 것 같은데
장막 뒤에 무슨 악귀가 숨어 있어
한사코 밀어내고 쪼개고 덧씌우는 것인가
눈 말똥이던 아이가 자라서
피 묻은 이야기 다 꿰뚫어 알고 있는데
그래서는 안 되지
정말 안 되지
한 세상 밝히고자 사랑도 명예도 다 버리고
온몸 바쳐 새 생명 찾은 날인데
그래서는 안 되지
정말 안 되지

아이야, 너만은 더 큰 날갯짓으로

영원한 하늘을 날아야지

사랑의 근원으로 멈추지 말고 날아가야지

이것은 아닌데

정말 아닌 것 같은데

손녀꽃

할아버지에겐
손녀꽃이 하나 있단다

밤하늘의 별처럼 아름다운 손녀꽃 말이다
가까이 가면 금세 먼 하늘 끝에 숨어버리는

작은 별 같은
손녀꽃

할아버지에겐
그런 손녀꽃 하나 있단다

내년쯤 대학캠퍼스에 튤립처럼
피어 있을 손녀꽃 말이다

계곡의 아침

나무들이 사람을 보고 있다
모두 같은 방향의 시선이다, 아침의 계곡
계곡의 나무들이 경이롭다
나무의 눈이 사람의 눈을 따라 이동한다
이동하는 눈의 대열이 일사불란하다
누군가 휠체어를 밀고 들어선다
빨간 리본이 달린 모자가 숲의 햇살을 받아 젊고 예쁘다
반달원이 그려져 있는 편백나무 숲으로 들어선다
천천히 아주 천천히 몸을 빼서 편백나무에 매달린다
나무에 매달린 손의 근육이 필사적이다
어디서 본 듯한 얼굴, 그의 젊음도 편백나무처럼 살았을까
하늘에 매달린 가지 없는 나무가 나를 보고 있다
조금씩 하늘을 향해 오르고 있다
어디선가 불어오는 바람
'휘익' 하는 소리가 하늘을 가르며 날아간다
나무들이 사람을 보고 있다

자작나무 길목

힘들었다고 말하지 말자
계곡 물소리도 귀담아 두지 말자
혼자서 가는 길
길은 자꾸 안개 속에 싸였다가 사라지고
사라졌다가 길 위에 또 길을 만든다
졸음의 계절이 오고 있다
멀리 짐 지고 가는 사람이 보인다
되돌아오는 사람도 있다
오가는 사람들아
무엇을 두고 무엇을 가지고 가는 것이냐
묵어 갈 통나무집은 더 멀리 역(域) 너머에 가 있다
까마득하다
사랑하는 사람아
이제는 사랑했다고 말을 하자
자작나무 굽이도는 길목에 말뚝 하나 세워두고
사랑했다고 글을 쓰자
너를 위한 노래 하나 불러보지 못했지만
이제 사랑했다고 글을 남기자

혼자서 가는 길
진눈깨비야 이제 어쩌란 말이냐
빈 가슴 비워두고 또 어쩌란 말이냐
사랑하는 사람아, 나 빚쟁이 되어
벌거숭이로 돌아가고 있다

왕버들 군락

식영정* 가다 보면 산 그림자 쉬어가듯
광주호 상류에 왕버들 군락이 물 위에 떠 있다
숲속 나무다리가 뻐꾸기 울음소리를 닮았는지
뻐꾸기 울음 사이로 왕버들 길이 열렸는지
호수공원 푸른 쉼터에 노란꽃창포 뜨니
유치원 아이들 선생님 손잡고 많이도 소풍 나왔다
안녕하세요! 하면 그 녀석들 입 맞추어
더 큰 소리로 안녕하세요! 한다
왕버들 길에 물 가득 차오르면 참 좋겠다
물 위의 병아리 떼들 안녕하세요! 소리가 더 커서 좋겠다
왕버들 길에 식영정 식구들 다 모였다

---

* 식영정(息影亭): 조선 명조 때 김성원(金成遠)이 스승인 임억령(林億齡)을 위해 세운 정자로, 아래로는 광주호가 있으며, 성산자락에 위치해 있어 '그림자도 쉬어가는 정자'라는 뜻이란다. 당시 임억령, 김성원, 고경명, 송강을 '식영정사선'이라 불렀으며. 송강 정철(鄭澈)은 이곳에서 '성산별곡'과 '식영정20영' 등 많은 시가를 남겼다.

눈물 1

꽃의 눈물은 보면서도 제 눈에 맺힌 눈물은 보지 못한다 착한 사람이다 눈물은 초승달처럼 젖어 있다가 숲속 물가에 가 잠긴다 물속에 잠긴 초승달은 누구나 쉽게 캐 올리지 못한다 숲이 있는 물가에 살다 보면 종종 오두막집을 나와 어디론가 떠나는 사람을 보게 된다 하늘 한쪽에 떠 있다가 한참 누군가를 기다리다가 숲으로 들어가 모습을 감춘다 숲에 묻힌 영감(靈感)은 가림 막을 치고 다시는 나타나지 않는다 밤에 보면 가림 막 위에 작은 별 하나 떠 있다 슬픔을 보면 커지는 가슴을 어찌하지 못한다 초승달처럼 떠 있다가 돌아설 뿐 슬픔을 말하지 않는다

그녀가 울 때는
별들이 너무 높이 떠 있을 때다

눈물 2

그녀 나이 열일곱에 처음 만났고 스물 둘인 겨울에 그들은 다시 만났다 여행에서 돌아와 고향집에 갔다가 다음날 선착장을 향해 떠나는 그녀를 보았고 그는 그 말을 아무에게도 하지 못했다 초행이라 나룻배를 탈 줄이나 아는지 해거름 안에 닿을 수 있을는지 걱정하면서도 멀어지는 산모퉁이만 바라보았다 그것은 너무 아찔하고 무모했다 버스 맨 뒤쪽에 앉아 비포장 길을 가고 있을 그녀의 하늘을 그는 전혀 생각지 못했다 다만 배낭여행 때 북방 하늘에 펼쳐진 무수한 밤 별들이 그 오묘한 별들의 운행이 그들의 첫 밤처럼 빛나던 몽골의 밤하늘을 그는 잊지 못하고 있다

그녀가 울 때는
별들이 너무 높거나 총총한 밤이다

낙엽에게 다가서다

낙엽 밟기가 안 됐을 때 그 나무를 쳐다본다
나무는 낙엽의 아픔을 하늘 밖으로 밀어내고 있다 손을
뻗치고 있다, 낙엽을 곁에 두고 낙엽 길을 걷다 보면
모호크강*의 상류 한 깊은 원주민 마을에서
낙엽을 줍던 아이의 모습이 떠오른다, 너덧 살 됐을까
아이는 나무 밑에서 꽃잎을 줍듯 낙엽의 하늘을 줍고 있었다
생각하면 그 아이도 지금쯤 가을의 큰키나무를 쳐다보고 있을까
청명한 하늘이 내려와 속삭인다, 채비를 서두르는 나무
나무 끝에서 일어나는 치열한 사유의 대사를 나는 읽지 못한다
나는 이런 때 낙엽 길이 아닌 다른 샛길로 들어선다
샛길에는 더 많은 노숙자들이 밀려와 있다
낙엽의 얼굴에는 처음부터 눈도 귀도 그려 있지 않았지만
서걱거리는 바람 앞에서는 가슴을 열어두고 있다
낙엽은 사랑할 때와 묻힐 때 감춰둔 속말을 전한다
모호크족이 전수하는 슬픈 모국어의 유언처럼
낙엽 밟기가 안 됐을 때 나는 그 나무를 쳐다본다

---

* 허드슨강의 최대 지류로 모호크족(아메리카 인디언)에서 유래된 이름.

DMZ

산꽃은 피어나 그날을 기억하네
죽은 자의 살 냄새를 안고 허공을 맴돌고 있네
백 번 죽어도 그것은 아니라네
빠금히 열린 간절한 세월의 문틈으로 할 말을 잃은 듯
내 눈알 속으로 들어와 엉엉 우네
평생을 응달에서 살아온 지구의 가장 깊은 골짜기에서
아직도 단호한 입술은 그대로 핏물에 젖어 있네
또래의 친구들 포성과 함께 아우성치다
꽃가루 하얗게 뒤집어쓰고
돌덤이 쌓이듯 산화되어 갔지

가버린 친구들이 보고 싶을 때
산꽃은 잔인한 상실의 아픔을 기억하네
어둠이 잠든 깊은 계곡에서 두 팔을 걷어 올리고
너와 내가 '왜'라는 그 시원(始原)을 물어오네
방아쇠 고리를 타고 철조망 꼭대기에 피고 지는 산꽃이여
우리 그때 개미떼처럼 밀려나와 서로 붙안고 싸웠지
출구 없는 투망 속에 갇혀 우리 죽도록 싸웠지

외로운 섬, DMZ는 할 말을 잃고 공허 속에 묻혀 있네
마주 보는 망루 엄중한 경계의 논두렁을 걸어 나와
그것은 아니라고 산꽃은 우리의 존엄을 말하네
산꽃은 피어나 그날을 기억하네
죽은 자의 살 냄새를 안고 허공을 맴돌고 있네
하나 남은 너 DMZ여

문득 어느 아침

이명인가 했더니
문득 매미 소리를 듣는다

매미도
버거운가 보다

울려고 해도 울어지지 않는 긴 여름밤의 골목길
최저임금마저 바닥나서 울 힘마저 빠진 가난한 가장들도
버겁기는
마찬가지인가 보다

뉴스를 듣다 보면
허탈해지기는 마찬가지다

허구한 생명들이 호적에도 없는
이름을 남기고 시간이 멀다 하고 추락하며 있는데
자의건 타의건
가고 있는데

>

그래서 매미는 가던 길 멈추고
그렇게 버겁도록 울었나 보다

하늘을 보아라

아침을 걸렀거나
저녁이 늦은 사람들 다 모여라
사랑했거나 그래서 떠났거나
가시가 너무 깊어 오가지 못한 사람들도 다 모여라
그리고 제 것이 아니면서 제 것처럼 부리는
간 큰 사람들도 다 모여라
그리고 하늘을 보아라
하늘과 하늘 사이에 무엇이 있느냐
흰 돛을 달고 다가서는 배 그 백학의 눈을 보아라
작은 것이 모여서 하늘인 것을
서로 다른 색깔이 겹쳐서 하늘색인 것을
주고도 남는 것을 보아라
그것이 하늘인 것을
옷을 벗고 보아라, 그것이
하늘색인 것을

제3부

고향이라는 말

정답다
다 떠나고 없어도
너무 많이
변했어도
고향이라는 말 정겹다

마을 밖 먼 길에
한 그루 구름나무로 서 있으면
슬픔 가득해도
어디선가 들려오는 소리
고향이라는 말
그립다

멀리 가지 마라

멀리 가지 마라
친구도 없이 혼자 놀다가 길을 잃을까
돌아오지 못할까 걱정이다

먼 산기슭
냇가
아이들 소리
저녁연기
초승달

너무 멀리 가지 마라
그러다가 영 돌아오지 못하면
그 일을 어쩔까
친구들을 생각하다가
달빛에 묻힌 고향을 그리다가

어려서는 몰랐네

어려서는 몰랐네
그것이 고향이라는 걸

늦도록 놀다가
싸우다가
무르팍에 된장 바르고 쥐불 놓던 일
그것이 그리움일 줄 몰랐네

대나무 숲 술렁이고
빨랫줄 밑으로 어머님 고무신이 햇볕에 찢겨
치마폭에 가려 있을 때
그것이 고향인 줄 몰랐네

굴뚝마다 밥 연기 피어오르고
예쁜 초승달이 이웃집 소녀처럼 얼굴 내밀 때
그것이 향수일 줄 몰랐네

이젠 길이 없네

이젠 길이 없네
돌아보면 빤히 보이던 산마루길
그 길이 없네
길이 없어 어설픈 들판에서 혼자 서성이네
서성이다가 돌아서네

너무 오래 막혀서 너무 오래 지쳐서
바람도 숨이 차 말이 없네

그리움도 기다림도 녹슬어 떠나고
앙상한 쇠못만 박혀 쉬어갈 공터 하나 없네

병석이 아재! 하고 외치다가
돌아설 혈육 하나 없네
산마루에 올라서도 아무도 없네
이젠 고향이 없네

그대 고향이 있는가

그대 고향이 있는가
가슴 한쪽에 삭혀둔 고향
찡하고 아픈 고향 말일세
파도처럼 밀려왔다가 사라지는 그런 고향 말고
가슴에 차돌처럼 박혀 꼼짝달싹 못하는 고향 말일세
어머님 그대 낳으시고
대대로 산수(山水) 물려주신 아버님 고향 말일세

수몰되어 없어졌거나
실향의 땅 어디쯤에 살아 계실지도 모를
그러다가 두 분 다 가시고 나면
고향이 있을까 어디쯤 가서 고향을 찾을까
살다 보면 밀리고 부대껴서 하구 언저리까지 내려왔다가
슬픈 끄나풀 행여 놓지나 않았는지
그대 고향을 가지고 있는가
고향이 있는가

겨울 보리밭

그 아이 일곱 살 때
아침 해가 지붕 위로 반쯤 올라섰을 때
어허이 어허 하며
꽃수레는
서산을 찾아 떠났습니다.

코흘리개 오 남매 보리밭에 섞여
뒤따르고 서른일곱 어머니는 꽃가마 떠나보낸 뒤
부지깽이 꺾어 천만리 내리꽂듯
바닥 깊은 계곡 혼자서 이고지고 한 세상 다 감당했을
어머니, 그 어머니 지금서야 생각납니다.
자욱한 만가(輓歌) 속으로
꽃수레는 떠나고 그 아이 장대 하나 들고 어느새
상여꾼 따르던 철부지였습니다.
소리부엉이 울던 밤에도
그 아이는 깊은 잠에 빠져 있었습니다.

보리밭 고랑마다 뿌리고 간

종이꽃 하얀 파지가 이제야 뒤늦은 그리움으로
눈에 잡힐 듯 다가섭니다.
그 아이 일곱 살 때
겨울 해는 그렇게 가고 있었습니다.

까치집

누구나 까치집 하나쯤 매달고 살지
솔솔 뚫린 가슴팍으로 아픈 세월 다 지워 보내고
미루나무 꼭대기에
그리움 하나 품고 살지

별이 내리면 내린 대로
눈 오시면 오신 대로 그렇게 살지

살다가 그리다가
해 저물면
냇가로 내려가 불러보지
서럽도록 불러보지

임아, 한 세상 같이 해서 행복했다고

---

* 영화 〈님아, 그 강을 넘지 마오〉에서 유추함.

국제시장*

노인네 목소리뿐이다
서릿발이 허옇다

골목은 하루 종일 시끄럽고 부산하다
부딪치고 깨지고 눈발 속 지프차 소리만 민망하다
사람 구석이라곤
찾으려야 찾을 데가 없다

너는 장남이여, 장남은
아버지인 거여
그때마다 아버지를 생각하는 백발의 노인
독일 광부로 파월병사로 한세상 막장을 끼고 살아남더니
그래 '우리가 다 안아야제
이걸 또 우째 자식들헌테 넘겨줄 수 있는 거여' 한다.

노인의 눈가엔 눈발이 날린다
흥남부두 떠날 때도 그 눈발이 날렸지

---

* 영화 제목.

선달그믐날

오늘처럼 하늘이 허전한 날은
고향 없는 사람끼리 서로 사랑을 하자
빈 골짜기를 흘러내리는 차디찬 물소리처럼
그 짠한 속삭임처럼 우리 사랑을 하자
돌부리에 맺힌 하얀 얼음꽃
물방울 튕기며 부풀어 오른 아삭한 포도송이처럼
우리 그렇게 사랑을 하자
고향말만 들어도 금방 튀어나올 것만 같은 아득한 문지방
소리
이런 날은 바깥 온천탕에 삼분의 이쯤 눈을 담그고
뽀얗게 서린 가슴으로 우리 사랑을 하자
오늘처럼 하늘이 허전한 날은

오일장

산골 유치면*에도 오일장은 섰지

오늘처럼 펄펄 눈이 내리는 날은

피붓다가 갰다가 하는 날은

눈바람 몰아치던 유치장 생각이 난다

애기가 애기를 업고 한 뼘 넘게 콧물 흘리며

먹이 찾아 헤매던 아이

그 아이 지금쯤 장터 한쪽에 국밥집 내고

고향처럼 구름처럼 살아가고 있을까

---

*장흥군 유치면, 산세가 험해 6·25 때 피해가 많았음.

막내와의 여행 1

막내가 자취하던 원룸 생각이 났습니다. 학교 앞 높은 둔덕에 있었지요. 서울 오면 함께 오르내리던 추억의 둔덕 원룸—. 그곳에는 오래된 느티나무가 망루처럼 서 있었습니다.

여름이었지요. 거제도 외도를 다녀오는 길에 장승포와 김영삼 전 대통령의 생가를 찾았습니다. 장목면 외포리 작은 바닷가 마을이었습니다. 마당 한쪽엔 대통령의 흉상이 서 있고 대청마루 맞은편엔 대도무문이란 낯익은 휘호가 걸려 있었습니다. 뒤란에는 우물과 장독대가 오랜 세월을 함께하며 마주보고 있었지요.

집 밖으로 나오니 발부리에선 바닷물이 출렁이고 대통령의 모교인 장목초등학교가 저만큼 높은 둔덕에 서 있었습니다. 숲속에 가려 있는 건물 한쪽이 우리의 옛 모습과 같아 자꾸 눈앞에서 지워지지 않았습니다.

막내는 다시 둔덕면 방하리로 향했습니다. 청마(青馬) 선생의 생가가 있다는 그곳, 깊은 산중이었지요. 놀랍게도 낯익은 사립문과 예스런 툇마루, 그 아래 놓인 주인 없는 고무신이 너무 생뚱맞은 향수로 뿌리째 뽑혀 들어왔습니다.

집 앞 건너에는 지붕이 빨간 우체국과 수백 년 묵은 팽나무가 선생의 기다림의 행복처럼 사랑의 오솔길로 우리를 안내해 주었습니다. 나는 한참 거기 서서 선생이 그리던 한 여성시인을 생각해 보았습니다.

막내와의 여행 2

강원도 평창군 봉평에 와서 오랜만에 가산(可山) 선생의 달빛 바다에 젖습니다. 온몸은 바다에 젖고 바닷가 주막집은 밤새 소금꽃 이야기로 날을 샙니다. 험한 산길은 나그네의 발길처럼 굽이굽이 달빛으로 이어지고 장꾼들의 밤길은 술 이야기로 이어집니다.

대관령 꼭대기에 올랐습니다. 올라와 끝없이 펼쳐진 조국의 하늘을 봅니다. 막내는 아버지의 환희를 이미 짐작하고 있는 듯했습니다. 같은 하늘 아래 용솟음치는 무수한 우리의 산하들, 나는 지금 조국의 가슴에 서 있습니다.

속초로 내려왔습니다. 동해 바닷가 북녘 초소에는 밤새껏 어둠이 출렁이고 별 하나 저만의 빛깔로 초소 위에 떠 있습니다. 모래밭 해변에는 끝없는 보안등이 바다의 엄중함을 말해주듯 밤의 정적이 나의 정적으로 밀려왔습니다.

막내와의 여행은 여기서 끝나지 않았습니다. 미시령터널을 지나 백담사를 들르는 일이 남아 있었지요. 나는 그때 두

근거리는 가슴 소리를 듣고 있었습니다.

님은 가고 없습니다. 백담사 오솔길로 영원을 두고 영원으로 떠났습니다. 님의 침묵이 핏물처럼 흘러내리는 깊디깊은 그곳, 나는 끝없는 님의 밑벼을 가고 있습니다. 계곡 물소리가 들려왔습니다. 산새 소리도 들렸습니다. 님은 아직도 정중동입니다, 동중정입니다. 산은 너무 깊었습니다.

사진을 읽다

덥수룩한 옆모습이 보인다
손가락 사이에 젖은 담배 한 개비 끼고
하필이면 가을로 가는 바다하늘이
맑게 갠 뱃머리를 뚫고 내 불그레한 점퍼를 물들이는
한참이나 먼 젊음이 보인다
허드슨 강을 건너 자유의 여신상을 향해 갈 때
바다와 하늘 사이를 비행하던 갈매기의 오만한 눈망울처럼
나는 그때 한참 팽배해 있었다
누구에게나 감추고 싶은 추억의 언어가 있듯이
돌아보면 젊음을 감고 흐르는 꽃밭에
솎아낸 속살처럼 묻어난 선연한 향기가, 그 공허한 물결이
생각하면 할수록 머릿속 꽃밭을 파고드는
나는 그때 담배를 끊었다

보세란(報歲蘭)

기이한 일이다, 첫 성에가 끼던 날
거실 한쪽에 옮겨놓았는데
저들끼리 서로 엉켜 길을 열어주지 않았다
밤이면 어깨 툭툭 치며 시샘을 부렸을까
겁도 없이 거울 밖으로 나와 방심한 내 옆구리를 찌르듯
조금씩 아주 조금씩 밤의 두께를 밀고 올라섰나보다
기왕이면 섣달그믐날까지 더 참고 기다렸다가
아이들 귀성하는 사람들 틈바귀에 끼어
밀리며 부대끼며 함께하다가
저녁때가 돼서야 한사리 물살처럼 한꺼번에 몰려드는
그렇게 그리움 가득 품고 있다가
녀석들 다시 돌아가는 날
첫사랑 그리움처럼 한 사발씩 퍼갈 수 있게 그때
겨울 향기 가득 품고 피었으면 좋겠다

풍경을 훔치다

산골 운동장에 태극기 나부끼고
늦도록 아이들 너덧이 남아
엎치락뒤치락 영락없는 축구를 하고 있다
우리 저맘때도 그랬지
어스름토록 태극기 나부꼈지

커서 보니 아파트 높은
암벽에 태극기 하나 매달려 있다
친구도 없이 혼자 베란다 밖에 나와 손을 흔드는
그 아스라함이 너무 위태롭고 씁쓸하다
다들 어디 갔을까
암벽을 흐르는 독백이 너무 차다

뒷모습

그 녀석 뒷모습 두고
설 지난
주말
하루 묵고 가네

제 어미 서랍에
못다 한 말 끼워두고

품앗이하듯
제 나무가 있는 곳으로
되돌아서 가네

가고 나면
옹달샘
그 오목한 곳
꽃잎 그림자 하나 떠 있네

변경에 핀 풀꽃

말이 없다 흔들리며
웃고 있다 가을볕 무성한 변경에서
이웃집 소녀처럼
눈짓 인사하며 웃고 있다

파리한 눈동자
나부낌

겨레의 강이 흐르는
북방 끝자락
어쩌다 서로의 얼굴을 붉히며
바라보고 또 바라보고 그러다가 또 그러다가
끝내 그러다가
내 생애 가장 미숙한 말, 잘 있어
공허한 그 한마디 풀밭 언덕에 남기고 돌아설 때
꽃잎 위에 우박처럼 내리던 안개비
사랑하는 꽃이여
파리한 너의 매무새여

겨레의 강이 흐르는
구름 끝자락
누구 하나 거들떠보지 않는 황량한 풀밭에서
사랑하는 이 기다리며 피어 있는가
그리 웃고 있는가

중년, 하늘을 날다

뒷동 아파트 동쪽 출입문
허리통이 굵은 중년이 출입문 앞에 나와
뻐끔뻐끔 담배를 피운다
동쪽하늘을 쳐다보다가 다시 서쪽하늘을 올려다보는
그때마다 한 움큼씩 뿜어대는 푸짐한 연기가
아무래도 그냥 해본 것만은 아닐성싶다
나도 중년이었을 때 저리 했지
뻐끔뻐끔 뿜어대다가 한쪽 하늘을 쳐다보았지

오월의 하늘이 상쾌한 계단을 내려서고 있다
중년 가장에게도 연휴의 아침은 고단한 것만은 아닌가보다
아직은 좀 이른 아침의 시간
확 트인 강둑은 끝없는 날개를 펼치고 있겠지
영산강 구진포 찰진 물살이 한참 쉬었다 돌아나가는
오래된 회화나무가 그늘숲을 이루고 있는 강나루 민물장어 집
오늘 중년은 큰맘 먹고 거기쯤 가 있을까
김제 만경 들녘을 지나 서해 어디쯤 날고 있을까

솔부엉이

그 친구 누구
하나 먼저 가고 혼자 남으면
그 일을 어쩔까
한쪽 다리 걸치고 함께 해온
세월이 얼만데

잎 지고 산
깊어지면
그 밤을 어찌 할까
멸치대가리 뜯어놓고 상머리 물린 채
창문 바라보고 있을까

바윗골 솔부엉이
미 을자락까지 내려와 짓궂게 우는 밤이면
콧물 범벅이며
그 친구 어찌 견딜까

우체통

설지 않다
강아지와 햇볕이 장난을 친다
우체통이 서 있던 자리
아무나 보면
골목 한 구석에서 뛰어나와 꼬리를 친다
그놈, 천성인가보다

빨간 우체통이
허술한 세월의 문 앞에 서 있다
까마득하다
세상이 온통 쥐 잡듯 시끄러울 때
공부하다 말고 쫓겨 온 아들놈 군대 보내놓고
문 밖에 나가 옷가지 기다리던
어미 맘이 저러했을까

우체통이 서 있던 자리
하얀 낮달 그림자

팥죽의 추억

남녘 먼 바다에서 너구리*가 밀려온단다.
조금은 흐리고 아직은 잔잔하다
이런 날은 팽나무집 할머니 팥죽 생각이 난다
먼저 와 있는 우릴 보고 친구 내외가 곁에 와 앉는다
이따금씩 생각나는
그것은 아름다운 유년의 단서를 함께
공유하고 있기 때문일까

멍석 가에 모깃불 피어오르고
은하의 별들이 형제자매처럼 내려앉은 먼 초원의 마당
팥죽을 푸시는 어머님 생각이 난다

---

*태풍 이름.

시장 사람들

길거리시장은 개장이나 폐장 시간이 따로 없다
짐을 풀어놓으면 그것이 개장이고
짐을 싸 너나없이 이고 나서면 그것이 폐장이다
옹기종기 저마다 터 잡은 구역에서
푸성귀를 다듬거나 갯것을 손질하며 장을 시작한다
얼마를 남기고 얼마를 잃고 가는지는 알 수가 없다
용돈 기만 원에 손자 놈 붕어빵 한 봉지면
그저 될법한 언제나 그런 족한 얼굴이다
가만히 보면 손톱 밑에 박힌 까만 세월 자국이
옛날 어머니 손톱과 너무 닮았다
비가 오면 우장을 쓰고 눈바람 치면 비닐로 몸을 가린다
빗물이 흘러내리면 엉덩이 한쪽이 시려오고
눈비가 귀때기를 때리면 눈곱 속으로 빗물이 흘러든다
통로는 좁지만 모두 그러려니 하고 돌아나간다
여기저기 눈을 주며 멀어진 고향 하늘을 생각한다
쑥이나 달래가 나와 있으면 '벌써 봄'이 하고
전어나 미꾸라지가 토닥거리면 먼 가을을 떠올린다
길거리시장은 쉬는 날이 아닌데도 쉬는 날이 있다

그런 날은 대개 거시적 행사가 잡혀 있는 날이다
시장 사람들은 그런 땐 누구보다 앞장서 비우고 치운다
어쩌면 함께 살아가는 또 하나의 방식인 셈이다
어머니들은 늦더라도 떨이로 주고 가는 날이 더 행복하다
그래서 길거리시장은 개장이나 폐장 시간이 따로 없다

누군가 떠나고

누군가 떠나고
그 자리에 누군가 다가선다.

긴 줄은 언제나 배려의 숲으로 거기 서 있다
입주할 동·호수의 번호를 알지 못해 그렇게 기다리며 있을 뿐
아무도 그 간극을 말하지 않는다.

그가 떠나고
하룬가 이틀인가

별 하나 긴 꼬리 데리고 서역으로 가더니
서정의 하늘 끝을 연줄 풀어대듯 높디높은 곳으로 놓아버리더니
산문에 기대어 누군가 문을 닫듯 말을 잃더니
그대 그리던 백련사 동백꽃
정정한 눈물로 그리 피었다 지더니

우리 그렇게 지붕 사이로 간신히
뚫린 하늘을 올려다보면
머나먼 별자리에서 별 하나 제 꼬리 자르고 무리에서
풀려나와 이웃 숲으로 옮겨가듯이

누군가 떠나고
그 자리에 누군가 다가선다.

손톱 깎는 노인

단풍나무 밑에서 손톱 깎는 노인을 본다
산책 나왔다가 잠시 쉬어가는 것일까
손톱 깎는 노인의 손가락이 단풍나무 잎을 닮았다
단풍잎 끝에서 톡톡 튀는 손톱깎이의 때각거리는 소리가
노인의 뼈 마디마디를 거쳐
살아온 길을 한 바퀴 두들기고 돌아나간다

툇마루에 앉아 있는 노인을 생각해본다
도리깨질을 할 때마다 사립문 밖으로 튕겨나가던
노인은 그 콩깍지를 생각하고 있는지도 모른다
콩깍지는 노인의 외출을 눈치챈 듯 발등에 가 떨어진다
돌아가면 노인은 긴 겨울 강을 생각할 것이다
집 밖으로 튕겨나간 그 콩깍지를 그리며 있을 것이다

두만강

애들아 그것은 배고픔보다
더 슬픈 일이었단다.
우리의 조상들이 그 조상의 후예들이
미처 생각지 못했을 암흑일 때
암흑을 박차고 어디론가 어디인지 모르면서 가야 했던
오직 강을 건너 첨벙첨벙 뜀박질치거나 혹은
서로의 허리춤을 추켜올리면서
슬픈 역사의 강물을 가슴 가르듯 헤엄쳐 가면서도
돌아올 수 있다는 단 한 가닥 일념으로
배고픔보다 더 뼈아픈
하늘을 두고 강을 건넜단다.

입춘

봄의 소녀야
발목이 시려 입술 꼭 다물고 파랗게 서린
먼 강둑 휑한 가슴으로 바라보는
하얀 눈밭 소녀야

대숲마을 골목집 깊은 장독대에
어느새 깨금발로 다가와 머문 봄의 소리

눈밭 소녀야
수천수만 협곡 길을 추운 날도 마다않고
봄이 머문 정수리까지 내달은
도랑물 하얀 소녀야

해설

그토록 사소한 '그리움'의 문장들

박성현(시인)

1.

시는 시인의 내적 발화(發話)에서 시작되지만, 발화의 시작과 동시에 언어의 외연과 논리를 벗어난다는 점에서 '모든 언어에 앞선 단락(短絡)'[1]이다. 이것은 사물들을 그 자리에 존재한 채로 사라지게 하는 마법과도 같은데, 이때 우리는 시선을 완전히 빼앗긴 채로 사물의 '있음'과 '없음'이라는 기이한 동시성에 맞닥뜨리게 된다. 텅 빈 침묵이 오히려 많은 소리를 감추고 있는 것처럼, 시의 마법은 우리를 언어로부터 벗어나게 하며 또한 그 '언어-속-으로' 스스로를 깊이 투사

1) 파스칼 키냐르, 『은밀한 생』, 송의경 옮김, 문학과지성사, 2001, p.232.

하게 만든다. 그리고 그것의 유일한 증명인 시인이 만들어내는 이 신비로운 변증은 신화만큼이나 오래되었고 여전히 우리를 낯설고 충만한 세계로 이끈다.

2.

만일 시가 우리에게서 가장 먼 '언어'가 아니라면 무엇일까. 시에서 가시적 관례는 무시된다. 마치 완벽한 어둠, 혹은 '반타블랙'(Vantablack)이란 압도적인 검은색과도 같이, 시는 사물을 존재한 채로 사라지게 하고 서로 구별할 수 없을 정도로 뒤섞으며 집어삼키기 때문이다. 언어는 사물과 더불어 나타나지만, 이와 반대로 '시-언어'는 사물을 거부하면서, 오직 '언어'라는 한 가지 사태만을 갈망한다. 요컨대, 우리는 사물을 그 자체로 불러낼 수 없으며 언어를 통해서만 그 존재를 의식함에도 불구하고 시는 사물에 포획된 '언어'를 구원하며 사물에 단단히 접착된 '언어-이미지'를 분리해낸다는 것이다.

그리고 언어에 접착된 사물의 가상(假像)을 그것이 있던 곳으로 되돌려 보내는데, 그때 우리에게 들춰지지 않았던 사물의 새로움이 펼쳐지게 된다. 기존 언어와의 분리(혹은 '단절')로 촉발되는 이 마법과도 같은 순간은, 언어만이 시의 '찬란한 자명성'이며, "아무것도 증명하지 않고, 아무것에도 근거

하고 있지 않으며, 포착할 수 없는 유동적인 무엇"[2]임을 증명한다. 이 때문에 시-언어 속에서 사물들은 뒤섞이고 전혀 본 적 없는 형태로 다시 태어난다. 그리고 이 지점에서 우리는 박후식 시인만의 독특한 언어를 만나게 된다.

박후식 시인의 '언어'는 우리가 미처 인식하지 못했던 사물들의 깊은 속을 들춰내고, 사물 자체의 공백을 채워주며, 그것들의 원근을 새롭게 재구성한다. 운명과도 같은 이 '바라봄'의 시작(詩作)은 그가 시인으로서 추구했던 40여 년의 깊이이자 통찰이며, 극도로 숙련된 실존적 표상들이다. 그가 '마라도'를 "물 위에/떠 있는 시"(「마라도」)로 치환하거나, '귀뚜라미'를 "가을 이맘때면 풀밭 어디선가 들려오는 소리/살점 에듯 여친 그려 울던 그 소리, 그 풍각쟁이/산골 두메 마을이 싫어/첫사랑 그리움 두고 고향 떠난 이야기"(「귀뚜라미」)로 변용할 때도, 그의 감각적 언어는 시 전체를 통해 작동한다. 이처럼 그는 '시'라는 사태가 발원된 삶의 모든 지형도를 되새기는데, 그러한 의미로 박후식 시인에게 '시'는 삶으로 스며드는 순수한 매혹이자 불가해한 여행의 한가운데다.

2) 모리스 블랑쇼, 『문학의 공간』, 박혜영 옮김, 책세상, 1990, p.51.

3.

'언어-사물'에 대한 그의 감각적 변용은 우선 '유년'이라는 익숙하면서도 내밀한 대상으로부터 출발한다. 그는 이 시기에 각인된, 이미 사라지고 뒤엉켜버린 실타래를 하나하나 찾아내고 병렬시키면서 그 속에 담긴 수많은 행간-기억을 들춰내는데, 어릴 적 수몰된 고향의 풍경을 살피는 듯, 그의 손끝은 한 올의 냄새를 따라 아주 천천히, 그리고 매우 정성스럽게 '유년-기억'을 불러낸다.

그런데 그는 유년을 (사진을 현상하듯) 고스란히 재현하지 않는다. 그가 그려내는 '유년'은 멀고 아득해서, 손에 닿자마자 사라지는 안개와 같아 문장을 읽는 순간 흩어지면서 멀리 사라진다. 수묵화가 그러한 것처럼, '언어-이미지'의 윤곽은 불투명하고, 읽으면 읽을수록 문장과 문장 사이가 멀어진다. 시인의 시선은 오로지 기억을 둘러싼 독특한 냄새와 밀도, 그리고 맹렬히 스며드는 촉각과 그 너머에 집중하며, '기억-속-에' 숨겨진 분위기(혹은 '아우라')를 좇는다.

이를 증명하듯, 그는 옛집을 추억하면서도 유독 '응달'을 바라본다. "옛집 응달에는/아직 눈이 쌓여 있는데//햇살은 돌담 밑에서/겉돌기만 하고 있는데"(「옛집 응달에는」), '먼 산 기슭', '냇가', '아이들 소리', '저녁연기', '초승달' 등 유년의 핵을 소환할 때도 "친구도 없이 혼자 놀다가 길을 잃을까/돌아오지 못할까 걱정"(「멀리 가지 마라」)했던 장면들을 떠올린다. 사랑을 노래할 때도 시인은 "다만 배낭여행 때 북방 하늘에 펼쳐진 무수한 밤 별들이 그 오묘한 별들의 운행이 그들의 첫 밤처럼 빛나던 몽골의 밤하늘을 그는 잊지 못하고 있다//그녀가 울 때는/별들이 너무 높거나 총총한 밤이다"(「눈물 2」)라고 쓰면서, 연인만이 가질 수 있는 애틋한 긴장을 에둘러 그려낸다. 그는 사실(경험)을 술회하는 것이 아니라, 그 '사실'에 묻은 마음의 물기, 마음의 아주 먼 이명(耳鳴)을 쓰고 있다. 유년은 시인에게만큼은 '분위기'의 일회적 나타남으로 압축되고 있는 것이다.

참 곱다
어려서 떠난 누님 이름처럼
송홧가루 냄새가 난다
소매 끝 적시던 우리 어린 날의 소꿉놀이 강물
누님아, 나는
오늘도 그 강변에 서 있다

—「송화강(松花江)」 부분

송화강은 백두산 천지에서 발원하여 북서쪽으로 흘러간다. 지린성 북서단의 '싼차허'(三岔河)에서 남류하는 '넌장'(嫩江)과 합친 뒤 북동쪽으로 유로를 바꾸는 길이 1,960km에 이르는 '헤이룽강'(黑龍江)의 최대 지류다. 넓고 깊고 듬직해 커다란 바위조차 비켜가는 강이다. 그런데 시인은 강의 이름을 듣자마자 '참 곱다'고 말한다. 강이 뿜어내는 사실-이미지와는 상관없이 그는 몸서리쳐질 정도로 '송화강'이란 이름에 사로잡혀 버린 것이다. 무슨 이유일까. 바로 그곳이 "어려서 떠난 누님"에 대한 기억이 투영된, 시인만의 내밀한 장소이기 때문이다. 송홧가루가 분분한 봄날의 햇살처럼, 그 부드럽고 천진한 누이의 얼굴이 송화강의 이름 너머에서부터 맹렬히 흘러나왔던 것이다. 그는 그 송화강 어디쯤에서 누이와 소매 끝을 적시며 소꿉놀이를 했고, 그때의 분위기는 광물질처럼 남아 시인의 몸을 흘러 다니다가 '첫사랑 그리움'(「보세란(報歲蘭)」)을 불러내듯 누이의 표정 하나하나를 불러낸다.

이러한 시인의 태도는 이번 시집 전체를 관통하는 심급이기도 하며, 이제는 더 이상 되돌리거나 두 번 다시 갈 수 없다는 절망에서 터져 나오는 페이소스의 결정체라 해도 무방하다. 아무리 사소한 일상이라도 그것이 인식의 대상이 되는 순간 자신의 전 생애를 관통하고 뒤흔들 수 있다는 사실을 상기한다면, 시인이 집중했던 유년에 대한 '언어-분위기'가 얼마만큼의 강도와 무게를 가지는지 알 수 있을 것이다. 특히, "그곳에 가면/아직도/대문 앞/그가 웃고 있을까//물동이인 채/나서다/말고/웃고 있을까//우물가/배롱나무/지금도/기다리며 있을까"(「배롱나무」)라는 명징한 그리움이 핏빛으로 숨을 쉰다. 유년의, 사소할수록 더 깊고 투명한 장소들을 바라보는 시인의 시선은 더욱 절실하다.

어려서는 몰랐네
그것이 고향이라는 걸

늦도록 놀다가
싸우다가
무르팍에 된장 바르고 쥐불 놓던 일
그것이 그리움일 줄 몰랐네

대나무 숲 술렁이고
빨랫줄 밑으로 어머님 고무신이 햇볕에 찢겨
치마폭에 가려 있을 때
그것이 고향인 줄 몰랐네

굴뚝마다 밥 연기 피어오르고
예쁜 초승달이 이웃집 소녀처럼 얼굴 내밀 때
그것이 향수일 줄 몰랐네

—「어려서는 몰랐네」 전문

유년을 추억하면서, 그는 그 시절에는 결코 알 수 없었던 순백의 그리움을 고백한다. 어려서는 몰랐던, 일상의 모든 것들이 바로 '나'를 만들었던 정체성이자 본질이며, 스스로를 위악(僞惡)에서 구원하려는 내적 의지라는 것—무릎이 깨져 된장을 발라야 할 정도로 밤이 늦도록 놀았던 시간들과,

뒷산 언덕에 몰래 쥐불을 놓고 빠르게 타들어가는 마른 풀들의 허기를 눈이 빠지도록 바라봤던 기억들, 바람에 시퍼런 이파리를 비비는 대나무 숲, 빨랫줄 밑에 가지런한 어머니의 낡고 따뜻한 고무신, 골목마다 자욱한 밥 짓는 냄새, 이웃집 소녀처럼 부끄럽게 웃는 초승달 그리고 그 모든 사소함을 더욱 사소하게 만드는 햇살들을 상상해보자. 서랍 속에 간직했던, 그 누구도 들춰보지 않은 비밀상자와 같은 내면의 핵이 영롱하게 빛나고 있지 않는가.

"가슴에 차돌처럼 박혀 꼼짝달싹 못하는"(「그대 고향이 있는가」) 이 유년의 기억들은 "수평 끝에 쓸리는 소리/쓸려가는 소리"처럼 "모래성 작은 것이 우릴 어찌 늦도록 그립게 하는가"(「파도 소리」)라는 울음으로 이어진다. 물론, 이러한 자의식은 그가 "나는 건성으로 세상을 살아왔네/별들이 바닥에 떨어져 허우적거린 줄도 모르고/나는 건성으로 나를 보며 살아왔네/굼벵이 공장을 지나다 보면/나는 내가 건성이었음을 뼈아프게 느끼네"(「낮이 없는 밤」)라는 유랑 의식에 근접해 있지만, 보다 근본적으로는 "이젠 길이 없네/돌아보면 빤히 보이던 산마루길/그 길이 없네/길이 없어 어설픈 들판에서 혼자 서성이네/서성이다가 돌아서네//…(중략)…//그리움도 기다림도 녹슬어 떠나고/앙상한 쇠못만 박혀 쉬어갈 공터 하나 없네"(「이젠 길이 없네」)라는 실향(失鄕), 곧 갈 곳을 잃은 자의 디스토피아-의식에 연원한다.

이 같은 삶의 처절함은 시인으로 하여금 삶을 '그리움을 품고 사는 것'으로 규정하도록 하는데, "누구나 까치집 하나쯤 매달고 살지/솔솔 뚫린 가슴팍으로 아픈 세월 다 지워 보내고/미루나무 꼭대기에/그리움 하나 품고"(「까치집」) 살아간다는 것. 하지만, 그는 "복수꽃 작은 연못에/하늘을 맴도는 눈물이 고여//물 긷다 말고 달려온 오두막집 샛별처럼/가슴에 안긴 저 초록빛 눈동자"(「그대 오신다기에」)에 표상된 것처럼, 이 그리움을 '유년'이라는 완결된 유토피아를 통해 확장하면서 개인이 아닌 보편적 경험으로서 한 차원 높이 끌어올린다.

4.

당연하지만 시에서 사실은 더 이상의 '사실'이 아니며, 단지 시인이 만들어내는 세계의 숨겨진 '서사-구조' 들이다. '사실'이란 시가 구축하는 진리의 영역, 곧 '이념의 건축'에 대한 거친 밑그림(혹은 '스케치')이라는 말이다. 시인은 특이하게도 이 '사실'들의 공통분모를 추출해 자신의 시작에 적극 활용하는데, 이것은 그가 평생 추구한 시의 예술적 서정에 한발 더 가까이 다가서게 한다. 그는 "낙엽을 보고 있으면 낙엽의 발끝이 보이듯이//시를 보고 있으면 시의 어떤 끝이 보일까"(「낙엽의 밀항」)라고 질문하면서, '낙엽'과 '시'의 내연을 이끌어내기도 하며, "먼 몽돌 밭에서 들려오는 소리, 갈매기 소리"(「기억의 다리」)를 '물소리'와 '바람소리'로 엮어낸다. 이러한 과정을 통해 시인의 언어는 공감각적 투사 혹은 이념의 서정이라 일컬을 수 있을 만큼의 진리 영역에 한 발 먼저 다가간다—드물게 그는 '조국'이라는 말을 쓰는데, 이것도 이러한 경향의 하나다.

시인이 직접 바라보고 듣고 느끼고 만지는 온갖 '생활-세계'에 대한 것들도 마찬가지다. 그는 남녘의 먼 바다에서 밀려오는 태풍(너구리)을 통해, "조금은 흐리고 아직은 잔잔"한 "팽나무집 할머니 팥죽"과 "팥죽을 푸시는 어머니"(「팥죽의 추억」)를 떠올리고, 단풍나무 밑에서 느긋하게 손톱을 깎는 노인을 보며, "단풍잎 끝에서 톡톡 튀는 손톱깎이의 때각거리는 소리가/노인의 뼈 마디마디를 거쳐/살아온 길을 한 바퀴 두들기고 돌아나간다"(「손톱 깎는 노인」)는 삶의 진솔한 이야기를 묘파한다.

뿐만 아니다. '길거리시장'을 산책하며 두루 살폈던 생활의 그 질퍽하고 아득하며 눈부신 풍경들도 그는 놓치지 않는다. 그는 볼 수 있는 것을 보는 게 아니라, 그가 쓴 모든 것이 시적 풍경이 되는 것이다.

> 길거리시장은 개장이나 폐장 시간이 따로 없다
> 짐을 풀어놓으면 그것이 개장이고

짐을 싸 너나없이 이고 나서면 그것이 폐장이다
옹기종기 저마다 터 잡은 구역에서
푸것을 다듬거나 갯것을 손질하며 장을 시작한다
얼마를 남기고 얼마를 잃고 가는지는 알 수가 없다
용돈 기만 원에 손자 놈 붕어빵 한 봉지면
그저 될법한 언제나 그런 족한 얼굴이다
가만히 보면 손톱 밑에 박힌 까만 세월 자국이
옛날 어머니 손톱과 너무 닮았다
비가 오면 우장을 쓰고 눈바람 치면 비닐로 몸을 가린다
빗물이 흘러내리면 엉덩이 한쪽이 시려오고
눈비가 귀때기를 때리면 눈곱 속으로 빗물이 흘러든다
통로는 좁지만 모두 그러려니 하고 돌아나간다
여기저기 눈을 주며 멀어진 고향 하늘을 생각한다
쑥이나 달래가 나와 있으면 '벌써 봄'이 하고
전어나 미꾸라지가 토닥거리면 먼 가을을 떠올린다
길거리시장은 쉬는 날이 아닌데도 쉬는 날이 있다
그런 날은 대개 거시적 행사가 잡혀 있는 날이다
시장 사람들은 그런 땐 누구보다 앞장서 비우고 치운다
어쩌면 함께 살아가는 또 하나의 방식인 셈이다
어머니들은 늦더라도 떨이로 수고 가는 날이 너 행복
하다
그래서 길거리시장은 개장이나 폐장 시간이 따로 없다

—「시장 사람들」 전문

개장 시간이나 폐장 시간이 없는 게 길거리시장이다. "짐을 풀어놓으면 그것이 개장이고/짐을 싸 너나없이 이고 나서면 그것이 폐장이"기 때문이다. 출퇴근 시간이 따로 없이 하루를 보내야 하는 이 길거리시장의 고달픔은, 오히려 정겹기까지 하다. "옹기종기 저마다 터 잡은 구역에서/푸성귀 다듬거나 갯것을 손질하며 장을 시작"하는데, 비록 "얼마를 남기고 얼마를 잃고 가는지는 알 수가 없"지만, 그 사람들은 이해타산을 따지지 않고 "용돈 기만 원에 손자 놈 붕어빵 한 봉지면/그저 될법한 언제나 그런 족한 얼굴이다." 그런데, 그 '얼굴'이 예사롭지 않다. "손톱 밑에 박힌 까만 세월 자국"이 "옛날 어머니 손톱과 너무 닮"지 않았는가.

그가 느끼고 기록한 고향 풍경은 사소하고 가까울 뿐이다. "비가 오면 우장을 쓰고 눈바람 치면 비닐로 몸을 가"리는 날도 있고, "빗물이 흘러내리면 엉덩이 한쪽이 시"리는 때도 있다. "눈비가 귀때기를 때리면 눈곱 속으로 빗물이 흘러"들지만, "모두 그러려니 하고 돌아나"가는 흔하디흔한 풍경—경이로울 것도, 그렇다고 소스라칠 것도 없는 우리 '어머니의 착한 손톱'과도 같은. 그리고, 이러한 사소함이 시인으로 하여금 "쑥이나 달래가 나와 있으면 '벌써 봄'이 하고/전어나 미꾸라지가 토닥거리면 먼 가을을 떠올"리게 한다.

길거리시장이 개·폐장 시간이 없다고 해서, 쉬는 날이 없지는 않다. "대개 거시적 행사가 잡혀 있는 날"에는 시장도 문을 닫고 길을 내준다. “시장 사람들은 그런 때 누구보다 앞장서 비우고 치우”는데, 그것은 “함께 살아가는 또 하나의 방식인 셈이다”. 어머니들은 밤이 이슥하더라도 “떨이로 주고 가는 날이 더 행복”한데, 이것 또한 서로 어우러지는 방식이 아닌가. “가다가 물길 만나면 잠시 쉬어가고/산 오름이 있으면 억새꽃 어떠냐고 물어도 보”(「파랑도」)는 평화로운 저녁 한때, 그는 아주 사소한 것들을 끊임없이 바라보고, 세밀하게 다듬으며 시의 내륙을 충만하게 만든다.

설지 않다
강아지와 햇볕이 장난을 친다
우체통이 서 있던 자리
아무나 보면
골목 한 구석에서 뛰어나와 꼬리를 친다
그놈, 천성인가보다

빨간 우체통이
허술한 세월의 문 앞에 서 있다
까마득하다
세상이 온통 쥐 잡듯 시끄러울 때
공부하다 말고 쫓겨 온 아들놈 군대 보내놓고
문 밖에 나가 옷가지 기다리던
어미 맘이 저러했을까

우체통이 서 있던 자리

하얀 낮달 그림자

—「우체통」 전문

물밀 듯 밀려온 봄날이다. 늦은 아침인데도 햇볕은 높아 창문에 살을 대는 바람도 뜨겁다. 아지랑이가 늦은 아침 식탁에 가물거리다가 조금씩 이울어지며 사라진다. 시인은 골목과 그 너머의 풍경들 속으로 빠져들기 위해 문을 나선다. 구두 뒤축은 닳아서 거칠게 기울어져 있지만 여전히 걷기에는 불편함이 없다. 산책이란 걸음과 걸음을 느슨하게 만드는 것이어서 딛는 발과 내미는 발 사이의 간격은 멀다. 저기, 손에 잡힐 듯한 햇볕이 여기저기에 내려 반들거린다. 재잘거리는 것도 있다. 구석에도 스며들어 그늘을 조금씩 밀어내는데, 가까운 곳에서 강아지가 짖고 그는 그 소리에 묻은 유년의 '물기'가 그리워 소리를 쫓기 시작한다.

강아지는 아무나 보면 "뛰어나와 꼬리를" 친다. 천성이다. 강아지는 햇볕이 함초롬 모여 있는 곳을 발바닥으로 짚어가며 뛰논다. 송화강 모래를 밟으며 놀았던 시인의 어린 시절이 그 천진한 풍경에 함축되어 있는 것 같아 쓸쓸함의 허기가 햇볕으로 꽉 채워진다. 그런데 문득 그 자리가 언젠가 "우체통이 서 있던 자리"일지 모른다는 생각이 든다. 축축한 안개가 비린 냄새를 버리고 사라진 듯한, 혹은 대못이 박혔던

나무 등걸 같은 흔적이 그곳에 있다. 강아지가 뛰어오를 때마다 그 '자리'는 점점 더 명징하게 우체통을 증명한다. 장소란 사물의 공간적 배치만이 아니다. 그것은 '기억'이라는 마음의 공간을 차지하며 존재의 현전을 더욱 생생하게 만드는 대체 불가한 근원이다. 또한 "보리밭 고랑마다 뿌리고 간/종이꽃 하얀 파지가 이제야 뒤늦은 그리움으로/눈에 잡힐 듯 다가섭니다/그 아이 일곱 살 때/겨울 해는 그렇게 가고 있었습니다"(「겨울 보리밭」)라는 기억의 서늘한 깊이에 다가서는 순백의 문장과 같다.

다시, 우체통이 있다. "허술한 세월의 문 앞에서 서"서 시간을 고스란히 받아들고 있다. 빨간색조차 이기지 못해 허물어졌다. 까마득히 어두운 내륙이 그곳에 있다. 거기서 그는 "세상이 온통 쥐 잡듯 시끄러울 때/공부하다 말고 쫓겨 온 아들놈 군대 보내놓고/문 밖에 나가 옷가지 기다리던" 어머니를 떠올린다. 세월을 겨우겨우 버텨온 저 '빨간 우체통'처럼 어머니도 마음의 파국을 추스르며 아들을 기다렸을 것이다. "우체통이 서 있던" 그 자리에 남아 있는 유년과 어머니의 자국들은 "하얀 낮달 그림자"처럼 공중에 박혀 시인을 지켜보고 있다.

그런데, 이 시의 구조가 매우 독특하다. 3연이 '우체통'의 이미지를 중심으로 병치되는데, 각 연의 서사가 모두 다른 방향을 갖고 있기 때문이다. 균질한 병치가 아닌, 어긋남과

균열, 확장을 아우르는 병치로서 말이다. 첫 연의 '우체통이 있던 자리'는 현재-시간을 통해 '유년'을 지향하며, 둘째 연은 아들을 기다리는 어머니의 마음을 표상하고, 마지막 연은 그 두 삶을 중첩해 다시 현재로 되살려놓는 변증법적 이미지로 확장된다.

5.

박후식 시인은 언어의 살과 결을 빼어나게 고르고 다듬으며 시의 영역을 넓혀 왔다. 그의 문장은 움직이는 듯하나 이미 멈춰 자리를 지키고 있고, 그 멈춰 선 듯하나 이미 능선을 넘어서 멀리 가고 있다. 그만큼 특히, 그가 운명처럼 쏟아낸 시는 '아주 사소한 그리움의 문장'이라 일컬을 수 있을 만큼 우리의 결을 지키고 있다. 이 시집의 주요한 모티프의 하나인 '여행'도 마찬가지다.

> 속초로 내려왔습니다. 동해 바닷가 북녘 초소에는 밤새껏 어둠이 출렁이고 별 하나 저만의 빛깔로 초소 위에 떠 있습니다. 모래밭 해변에는 끝없는 보안등이 바다의 엄중함을 말해주듯 밤의 정적이 나의 정적으로 밀려왔습니다.
>
> 막내와의 여행은 여기서 끝나지 않았습니다. 미시령터

널을 지나 백담사를 들르는 일이 남아 있었지요. 나는 그 때 두근거리는 가슴 소리를 듣고 있었습니다.

님은 가고 없습니다. 백담사 오솔길로 영원을 두고 영원으로 떠났습니다. 님의 침묵이 핏물처럼 흘러내리는 깊디깊은 그곳, 나는 끝없는 님의 밑변을 가고 있습니다. 계곡 물소리가 들려왔습니다. 산새 소리도 들렸습니다. 님은 아직도 정중동입니다, 동중정입니다. 산은 너무 깊었습니다.

— 「막내와의 여행 2」 부분

막내와의 여행을 통해서도 시인의 문장은 멈추지 않는다. 그들은 마지막 여행지로 미시령터널을 지나 백담사로 간다. 그 전에 속초의 북녘 초소에서 밤새 출렁이는 어둠과 "저만의 빛깔로 초소 위에 떠 있"는 별들을 본다. 거창할 것 없는 어둠과 그것을 응시하는 '시선', 그리고 그 시선을 감싸는 '별빛'만으로도 이 막내와의 여행은 더욱 살갑다. "밤의 정적이 나의 정적으로 밀려왔"다는 충일함을 두 사람이 느낄 수 있는 이유가 바로 이 '여백의 깊이' 때문이다

그들은 백담사로 접어든다. 굽이를 돌 때마다 강원도는 색을 바꾸고 숲으로 숨어버린다. 미시령터널을 갈랐던 아찔하고 무거운 바람은 여전히 손끝에 남아 머릿속을 더욱 또렷하게 만드는데, 그때 시인은 귀를 선명하게 파고드는 "두근거

리는 가슴 소리"를 듣는다. 만해의 서릿발처럼 날카롭고 매화처럼 뜨거운 문장 때문일까. 아니면 막내와의 여행이 종착으로 향하고 있다는 아쉬움 때문일까. 어떤 이유에서건 백담사의 오솔길은 "님의 침묵이 핏물처럼 흘러내리는 깊디깊은" 곳이다. '나'는 '님' 속에 다다르고 있으며 그의 말과 사상과 행동의 '정중동', '동중정'을 다시 새기고 있다. 때문에 "산은 너무 깊었습니다."라는 문장은 시인의 시적 내력을 가늠할 수 있는 역설이며, 시인이 이제까지 추구해온 언어-사유를 통찰할 수 있는 방법이라 해도 무방하다.

시인은 말한다, 지금껏 "슬픔을 보면 커지는 가슴을 어찌하지 못한다 초승달처럼 떠 있다가 돌아설 뿐 슬픔을 말하지 않"(「눈물 1」)았다고. 그러나 그것은 '슬픔'을 온전히 드러내는 가장 적극적인 방식이다. 사소한 문장들은 아주 사소해짐으로써 본질을 역설한다. 그가 노래했듯, '나 하나 감추니 모두가 눈 산이고 무애'다.

이 도서의 국립중앙도서관 출판시도서목록(CIP)은 서지정보유통지원시스템 홈페이지(http://seoji.nl.go.kr)와 국가자료공동목록시스템(http://www.nl.go.kr/kolisnet)에서 이용하실 수 있습니다.(CIP제어번호: CIP2017003644)

시인동네 시인선 072

변경에 핀 풀꽃

ⓒ박후식

초판 1쇄 인쇄 2017년 2월 10일
초판 1쇄 발행 2017년 2월 17일

지은이 박후식
펴낸이 고영
책임편집 류미야
디자인 헤이존
펴낸곳 문학의전당
출판등록 제2017-000002호
주소 서울시 마포구 마포대로 11길 91, 3층
전화 02-852-1977 팩스 02-852-1978
전자우편 sbpoem@naver.com

ISBN 979-11-5896-306-4 03810